Dedicatoria

A mi esposa Isabel Flores Colón, mis hijos Antonio José, Isaac Jamir y Jován Leví Rodríguez Flores. A mis nietos Isamar Yamila Rodríguez León, Alberto León Santos, Sebastián Antonio, Fabián Antonio y Antonella Charlotte Rodríguez Rivera.

"Son mi locura."

A todos mis pacientes que me han enseñado a caminar en la obscuridad.

"Son mi otra locura."

Reflexiones de los locos

Introducción

Durante cuarenta años, más o menos, he dialogado y reflexionado con mis pacientes como psicoterapeuta clínico, amigos, seres queridos y con muchos niños, adolescentes, adultos y ancianos. Las experiencias obtenidas por medio del intercambio de ideas y concepciones de las situaciones experimentadas, me han dejado marcados distintos caminos sobre la vida. Los caminos, distintos de los míos, han parecido intersecarse en ocasiones y han cobrado sentido en la reflexión de mí caminar.

Cómo perciben el mundo las personas con esquizofrenia y sus distintos subtipos, con bipolaridad y sus modalidades, con trastornos depresivos leves, moderados o severos, con psicosis, con los distintos trastornos por ansiedad, con trastornos sexuales y parafilias; con autismo, con retraso mental, con trastornos obsesivos compulsivos, con trastornos de la personalidad, adicciones a sustancias psicoactivas, adicciones, niños, adolescentes, adultos o ancianos y muchas otras clasificaciones.

"Hay tantas percepciones de la realidad y la vida como seres humanos."

En ocasiones… reflexiono sobre la percepción de mi vida y concuerdo de forma paralela o interseco con los caminos de los locos y/o pensamientos distintos a los míos, para tratar de encontrar sentido a la existencia, el dolor humano, el amor, el odio, emociones o situaciones con las que me afecto positiva o negativamente.

Reflexiones de los locos, es un libro dirigido a la reflexión de nuestra visión de mundo y del diario vivir.

"Te invito a explorar ideas y pensamientos en mundos distintos."

Prólogo

Cuando todos somos uno, la soledad es equivalente a la total compañía. La locura y la cordura se toman de la mano y caminan por la plaza de las realidades. Este libro nos describe estos mágicos procesos de encontrarse en el panóptico de los rechazados y estigmatizados por otros y por nosotros en una reacción natural de las premisas y las lógicas. El libro agota frase, razonamientos y reflexiones para asombrarnos como terapias de rituales enredadas en palabras. Es un buen recurso, una magnifica herramienta para ubicarse dentro de la sanación mental. Son ejemplos concretos y sencillos de vivencias reales cultivadas por el psicólogo desde su experiencia clínica.

Lo veo como un túnel de razonamiento lógico que nos invita a transitar y reconocernos en la ironía de nuestras locuras diaria. Es como si estuviéramos hablando con nosotros mismos en una batalla de razonamientos. Todo nos lleva a pensarnos y sentirnos y a transformarnos y sentirnos abrazados en este baile de locos cuerdos y cuerdos locos. Todos hacemos reflexiones.

Pablo León Hernández

Definición de loco.

En la terminología popular, un loco es una persona cuyo proceder y pensamientos son muy distintos de lo esperado por la norma cultural, o lo que define el Diccionario de la Real Lengua Española:

loco, ca

Quizá del ár. hisp. *láwqa, y este del ár. clás. lawqā', f. de alwaq 'estúpido'; cf. port. louco.

1. adj. Que ha perdido la razón. U. t. c. s.

2. adj. De poco juicio, disparatado e imprudente. U. t. c. s.

3. adj. Dicho de cualquier aparato o dispositivo: Que funciona sin control. *La brújula se ha vuelto loca.*

4. adj. Que excede en mucho a lo ordinario o presumible. U. en sent. positivo. *Cosecha loca. Suerte loca.*

5. adj. Dicho de las ramas de los árboles: Viciosas, pujantes.

6. adj. coloq. Dicho de una persona: Entusiasmada o muy contenta. *Loco de alegría.*

7. adj. coloq. Que siente gran amor o afición por alguien o algo. *Está loca por Juan.*

8. adj. Fís. y Mec. Dicho de una pieza o de un dispositivo: Que gira libremente sobre su eje.

9. m. y f. coloq. Nic., R. Dom. y Ur. Entre jóvenes, u. para dirigirse o llamar a otro.

10. f. despect. coloq. Hombre homosexual.

11. f. eufem. coloq. Arg., Cuba, R. Dom. y Ur. Mujer informal y ligera en sus relaciones con los hombres.

12. f. eufem. coloq. Arg. y Ur. prostituta.

a lo <u>loco</u>

1. loc. adv. coloq. Con inconsciencia o sin reflexión.

a locas.

1. loc. adv. coloq. a tontas y a locas.

cada <u>loco, ca</u> con su tema

1. expr. coloq. U. para comentar la excesiva insistencia de alguien sobre algo.

<u>loco, ca</u> de atar

1. loc. adj. coloq. Dicho de una persona: Que en sus acciones procede como loca.

<u>loco, ca</u> perenne

1. loc. adj. Dicho de una persona: Que en ningún tiempo está en su juicio.

2. loc. adj. coloq. Que siempre está de chanza.

ni <u>loco</u>

1. loc. adv. coloq. U. para reforzar un rechazo o una negativa. *No firmaría ni loco.*

Bueno… la definición de loco está bien loca.

De ninguna manera me refiero de forma despectiva a las personas que tienen una visión de mundo distinta de la mía. Cualquier disparate que crean leer o interpreten como ofensivo, no le presten mucha atención o importancia. Me pueden mandar para el carajo, si quieren. No será la primera ni la última vez que expongo mis ideas y a alguien no les simpatiza.

Les aseguro que mi única intención de escribir este libro, es la de reflexionar sobre las concepciones y visiones de mundo de otros seres humanos y nuestra concepción y visión de lo que creemos que es el mundo en el que vivimos.

Reflexiones.

La realidad.

¿Cuál? ¿La tuya o la mía, antes o después de fumar marihuana, la del poeta, la de la teoría de la relatividad, la de los cristianos, la de los musulmanes, la de los filósofos o la del psicólogo que me atiende?

Alguien me dijo: "La realidad…es…eso…la realidad"
Ante la interrogante y después de leer 8 Teorías sobre la realidad:

La teoría de La Gran Glaciación

Solipsismo

Filosofía Idealista y Fenomenalismo

Platón y el Logos.

Presentismo

Eternalismo

El Cerebro en un jarro.

La Teoría de los Multiversos y Realismo Fictional.

Conclusión: Decir que un loco es una persona que está fuera de la realidad es una estupidez. No tengo una idea clara de lo que es la realidad.

Reflexionemos.

***El espacio sobrante de las páginas es para que hagas anotaciones** Escribe y luego de un tiempo, lee lo que escribiste.*

La vida.

¿Cómo sé que estoy vivo doctor? Si estaba soñando que me morí y me vi muerto. Soñé que me desperté en un ataúd y desperté asustado en la cama. ¿Estaré soñando que estoy vivo y en la realidad estoy muerto y sueño?

Le contesté: ¿Cuál es la diferencia de pensar que estoy vivo o pensar que estoy muerto?

Me dijo: Uno piensa lo que uno quiere. ¿Verdad?

Le contesté: Eso creo yo.

Me dijo: Es mejor pensar que estoy vivo, porque yo no sé lo que es estar muerto. (Se ríe).
Reflexionemos.

La muerte.

¿Fin de la vida? ¿Inicio de otra forma de vida? ¿Extinción? ¿Mi espíritu reencarna en otro cuerpo o en un animal? ¿Me voy a morir algún día, hoy, mañana?

¿Por qué me preocupo por algo que desconozco?

Escuché a alguien decir: "La muerte es un cuento de los vivos".

Reflexionemos.

Dios.

El Diccionario de la Real Academia Española lo define como "ser supremo que en las religiones monoteístas es considerado hacedor del universo".

Escuchamos como Padre, Maestro, Señor del universo, Creador. Siempre como masculino. ¿Porque no, Madre, Maestra, Señora del universo, Creadora? Prefiero que me haya creado una madre mejor que un padre. ¿Y usted?

Escuché a alguien decir: "Dios no tiene barba ni senos, solo es.

Reflexionemos.

El diablo, Lucifer o Satanás.

(Espíritu o ser sobrenatural que en diversas creencias y religiones representa el mal. Esta es una de las muchas definiciones).

En una psicoterapia.

Paciente: Doctor, no duermo, no estoy tranquilo, no puedo comer, tengo miedo todo el tiempo y no puedo separarme de mi esposa porque el diablo me acecha para matarme y llevarme con él. Su esposa abunda y dice: Mire doctor, no se queda solo ni un momento, hasta cuándo se va a bañar tengo que estar con él.

Psicólogo: ¿De qué diablo usted me habla? ¿El diablo que describe la biblia?

Paciente: Si doctor. El diablo que tentó a Jesús, el poderoso del mal.

Psicólogo: Si es tan poderoso. ¿Qué has hecho para que no te haya matado todavía?

No entiendo porque ese diablo tiene que esperar a que estés desnudo bañándote o solo en tu casa. ¿Por qué no te empuja por un risco o hace un rayo y te quema? ¿Ese es un diablo pendejo?

Paciente: (Se ríe) Es que yo creo en Dios y el que cree en Dios el diablo no puede con él.
Psicólogo: Si crees en Dios y el diablo no puede contigo. ¿Por qué le temes?
Paciente: Verdad. El diablo no puede conmigo porque yo siempre voy a creer en Dios.
Gracias doctor.

El paciente regresó una semana después, dormía bien, comenzó a trabajar y ya no le teme al diablo. Según me explicó.
¿Usted le teme al diablo o a algún demonio?

Escuché a alguien decir: "Una mujer no puede estar medio preñada, si no estás con Dios estas con el diablo".

El amor.

¿Es algo que me pasa o me ocurre? ¿Me lo provoca otra persona, animal o cosa? ¿Tengo control de mi amor o del amor de otros? ¿Puedo hacer que me amen? ¿Cómo sé que me aman y no es mentira? ¿Es el amor el producto de una libre decisión de cada persona?

Si el amor no es algo que me pasa, ni puede otra persona provocármelo, si tengo el control de amar a quien yo quiera y no puedo hacer que alguien me ame. Tampoco puedo saber, si es cierto que me aman o me mienten. Entonces, yo soy el que decido a quien amo y en quien confió.

¿Lo han engañado alguna vez? ¿Se ha equivocado usted en alguna ocasión? ¿Ha cambiado sus decisiones en algún momento? Pues. Bienvenido al mundo de los seres humanos. No está loco.

Escuché a alguien decir: "El amor es una escusa para mis debilidades humanas".

Reflexionemos.

La amistad.

El origen etimológico de la palabra amistad no ha podido ser determinado al presente. Investigaciones asocian el vocablo al latín *amicus* (**"amigo"**), que a su vez derivó de *amore* (**"amar"**). Otros investigadores afirman que amigo es un vocablo griego compuesto por *a* (**"sin"**) y *ego* (**"yo"**), por lo que amigo significaría **"sin mi yo"**. En todo caso, la amistad es una relación afectiva entre dos personas. Le añado personas, animales o cosas.

Todo adjetivo positivo entre dos personas es congruente con la amistad. Por lo tanto, todo adjetivo negativo o que le haga daño a otra persona es incongruente con el concepto de amigo. El amigo, ama no odia, cuida y no maltrata, acaricia y no golpea, es sincero y nunca hipócrita, cuida tu salud y ni la pone en riesgo y miles de otras cosas que debemos evaluar cuando le decimos a otro o a otra mi amigo o amiga.

En algún lado leí algo así: "La amistad es aquella relación entre dos o más personas que comparten la cotidianeidad de sus vidas, aunque puedan sean totalmente diferentes, inclusive opuestas. Porque, para ser amigo de alguien, no se necesita más que sinceridad y un profundo amor por el otro y por sí mismo. Quien se ama a sí mismo es quien puede respetar al otro, comprenderlo, estar junto a él, compartir, animar y sobre todo, acompañarlo cuando sea necesario".

Escuché a alguien decir: "Amigo es un ojo cerrado y el otro abierto".

Reflexionemos.

El odio.

(Parte de una sesión de psicoterapia).

Paciente: Doctor, cuando veo a mi padre siento odio. Me siento caliente, amargo, pienso en espinas, me duele el pasado, se me nubla lo bueno, pienso en rojo, se me agita el corazón y huyo.

Psicólogo: ¿Te gustara sentirte mejor sin sentir odio, caliente, dejar de pensar en espinas y si en rosas, que el pasado no te duela, que no se nuble lo bueno, pensar en azul cielo, sientas tranquilidad en tu corazón y abrazarlo?

Paciente: No creo que sea posible. Que tengo que hacer. Dígame. Ya estoy cansado de huir y de sufrir cuando lo veo.

Psicólogo: Perdónalo. (Silencio por 30 segundos).

Paciente: ¿Cómo se perdona?

Psicólogo: (Hablamos sobre el concepto del perdón cristiano).

Paciente: Si decido perdonarlo, entonces no tengo porque huir. La fortaleza, como usted dice es mía. Lo voy a intentar.

Psicólogo: Regresó dos semanas después.

Paciente: Doctor. Lloramos juntos, lo abracé y me invitó a su casa. Voy a pasar el verano con él.

Es tan fácil utilizar el perdón para mejorar que parece irreal perdonar.

Escuché a alguien decir: "El perdón calla al diablo".

Reflexionemos.

Religión.

Ideas o creencias en un ser o seres superiores. Se reducen todas las definiciones en una corta palabra, fe.

Sin fe no existe ninguna religión. La religión es inherente a algo que no es objetivo y depende de la creencia en un ser superior a lo humano.

Primero tengo el conocimiento de una información ofrecida pero sin constarme, luego analizo o no y entonces decido con o sin razón, creer. Creer como resultado de una libre decisión.
Después que incorporo la fe a mí ser, es parte de mi existencia, hasta que así lo decida.

Escuché a alguien decir: "Le di vida a mi religión y ahora me da vida a mí".
Reflexionemos.

La verdad.

Paciente: Doctor, no sé si digo siempre la verdad y me avergüenza pensar que lo que digo es mentira, por lo que no quiero hablar con nadie.

Psicólogo: ¿Cuál es la verdad?

Paciente: Como son las cosas. Como tienen que ser realmente.

Psicólogo: ¿Quién sabe como son las cosas realmente?

Paciente: El que dice la verdad.

Psicólogo: Para saber si algo es verdadero se tiene que estar seguro.

Paciente: Claro. Si no estoy seguro no puedo saber si es verdad o mentira.

Psicólogo: ¿De que estas seguro?

Paciente: De que existo.

Psicólogo: ¿Cómo estás seguro de que existes?

Paciente: Porque me veo, me puedo tocar...

Psicólogo: Entonces. ¿Lo que no ves ni puedes tocar no existe?

Paciente: Hay cosas que no puedo ver o tocar y existen.

Psicólogo: ¿Cómo sabes con seguridad si es verdad?

Paciente: No lo sé. Lo creo.

Psicólogo: Crees que puede ser verdad o no. Decides si lo crees o no.

Paciente: Decido sí creo que es verdad o no.

Psicólogo: Entonces, la verdad depende de lo que crees o decides.

Paciente: (Silencio y mira al techo...) La verdad para mí es lo que yo creo que es la verdad... pero puedo estar equivocado.

Psicólogo: ¿Conoces a alguien que no se equivoque nunca?

Paciente: No. Todos los seres humanos se equivocan... o nos equivocamos.

Psicólogo: ¿Si dices algo creyendo que es la verdad y crees tener la seguridad y te equivocas?

Paciente: Entiendo. Yo me puedo equivocar y eso no quiere decir que estoy diciendo una mentira.

Psicólogo: O puedes decir algo creyendo que es una mentira y ser verdadero.

Paciente: Me ha pasado. Una vez dije como una mentira, que un amigo se había sacado un carro en una rifa y era verdad. El carro que tenía se lo había sacado en una rifa y lo supe después.

Psicólogo: ¿Cuál es la razón para sentir vergüenza de cometer un error en lo que dices?

Paciente: Todos se equivocan y no soy distinto. Debería sentirse avergonzado todo el mundo.

Psicólogo: Me parece, que la intención de ofrecer una información como verdadera sabiendo que es mentira, no es lo mismo que ofrecer una información como verdadera y estar en un error, sin la intención de mentir, que mentir sabiendo que es una mentira.

Paciente: Pero puedo estar equivocado, sin saberlo.

Psicólogo: ¿Qué opinas?

Paciente: Cierto. Nadie puede estar seguro de la verdad.

Psicólogo: ¿Por qué avergonzarse entonces?

Paciente: (Se ríe). Ya no voy a tener miedo de expresar lo que creo. Al fin y al cabo, siempre existe la posibilidad de uno estar equivocado.

Psicólogo: Correcto.

Paciente: Siento como si me descociera la boca.

Sé que voy a estar mejor. Gracias.

Escuché a alguien decir: "La verdad anda por ahí y a veces tropiezo con ella y no la reconozco".

Los juicios.

Juzgar, es un verbo transitivo y sinónimo de considerar. Según la lengua española. Cuando juzgo, emito mi opinión sobre algo.
Un día encontré 86 versículos en la biblia, debe haber más, sobre los juicios. El más escuchado:
"No juzguéis para que no seas juzgado". Pero parece imposible que el ser humano no juzgue. Y aunque no juzgues, como quiera te van a juzgar.

"Sin embargo, el respeto por el ser humano y sus filosofías de vida trae consigo paz."

Escuché a alguien decir: "Cuando señalas con el dedo índice a otra persona, tres de tus dedos te señalan y el pulgar señala hacia el lado".

Reflexionemos.

La humildad y la estupidez.

Caminando por el sendero tan estrecho de la humildad, en ocasiones, por más cautelosos que seamos, tratando de ser correctos, nuestros pies abandonan el sendero para pisar otro sendero cercano y mucho más amplio. El sendero de la estupidez. Sendero cómodo y ancho por el que transitan tantas personas que hay que cuidarse de no ser arrollado. Qué difícil es caminar por el sendero de la humildad, donde transitan menos personas pero con un paso lento y cuidadoso. Hay tantas carencias materiales, hambre y dolor que sentimos la tentación de desviarnos al sendero de la estupidez, donde todo sobra, la irresponsabilidad, el ocio, los placeres materiales y las loqueras.

Como seres humanos, ninguno caminamos por un recto sendero. El transitar de nuestra existencia, como borracho con las drogas de los placeres materiales, ponemos un pie aquí y otro allá… pero caminamos.

Escuché a alguien decir: "Ser humilde es más difícil que ser estúpido"

Reflexionemos.

La risa.

En el año 1972, cuando inicié mis estudios universitarios en el campo de la psicología, caminando para la universidad veía a un deambulante, tendría alrededor de los cuarenta años, que arrastraba un carrito cargado de muchos objetos que recogía de la calle. Vestía una ropa gastada, sucio y con una barba desarreglada, pero, siempre sonreía. Un día, después de leer parte de la teoría de Sigmund Freud, caminando para coger el transporte a mi casa, me detuve en un banquito a descansar y el deambulante llegó y se sentó a mi lado. Le pregunté: ¿Por qué usted siempre está sonriéndose? Se sonrió y me dijo: "Ustedes me dan gracia". Me sonreí con él y le pregunté: ¿Porque le damos gracia? Y me dijo: Yo era ingeniero civil, tenía mi casa, mujer, dos carros y una familia. Un día me di cuenta que mis luchas diarias, preocupaciones por mis propiedades y tratar de que me quisieran era estúpido. Le pregunté: ¿Estúpido porque? Me contestó: Porque para ser feliz, no necesito nada fuera de mí. Los veo a ustedes con sus luchas, a ti caminando por esta calle todos los días, los problemas de la gente y me dan risa. ¿Qué tu estudias? (mirando mis libros). Le conteste: Psicología en mi primer año de universidad. Me dijo y lo recuerdo como si fuera hoy: ¿Quién te dijo que después que te gradúes y te hagas psicólogo vas a ser feliz? Se sonrió, cogió su carrito y se fue caminando con un paso lento, con una sonrisa en sus labios.

Cuando uno se percata de lo absurdo, surge la risa. Nos reímos de los que nos parece estúpido, ilógico, incoherente, fuera de la norma social o cultura, por nuestra ignorancia del tema o para sentir la reacción fisiológica del reírse.

Sinceramente, me pregunté, si las luchas humanas tienen algún sentido para alcanzar la felicidad.

Escuché a alguien decir: "En nada se manifiesta más claramente una personalidad que en aquello de lo que se ríe".

Reflexionemos.

Los seres humanos, somos las consecuencias de la interacción entre las vidas de los seres que nos conforman.

Nos concebimos como un Yo. Nos tratan como un tú. Actuamos como gobernantes de nuestro pasado, presente y futuro. Tomamos decisiones como si existiéramos independientes del cosmos. Sin embargo, nuestro cuerpo físico está compuesto por miles de microorganismos que interactúan, se reproducen y afectan todos nuestros sistemas. Si. Dije todos nuestros sistemas. Si lo desea puede ver muchos de estos seres por medio de un microscopio.

Si algunos de esos seres que nos conforman se sienten amenazados, los agredimos o los ignoramos con hábitos inadecuados, evaluaciones incorrectas sobre las situaciones que nos rodean o pensamientos irracionales o negativos, se revelan y nos enfermamos. Piense si conoce alguna condición de salud que no sea causada u originada por carencia o exceso de la interacción entre los distintos microorganismos que nos conforman.

Escuché a alguien decir: "Somos parte del todo, nunca un Yo y siempre un Nosotros".

Reflexionemos.

Frases para reflexionar.

****Escribe algo debajo de cada frase****

"Solo el amor vale la pena"

____

"Estamos determinados a vivir eternamente, porque la vida y la muerte no pueden coexistir independientemente."

____

"Todo el que ama sufre. No existe el amor sin el sufrimiento."

____

"Para la libertad no existen más murallas, cárceles o fronteras que los pensamientos."

____

"De los seres humanos conozco muy poco ya que solo veo sus ropas, sus cabellos y su piel."

"Quien no tiene conciencia de una patria libre nunca se sentirá esclavo."

"Quien lucha por la libertad nunca lo ha sido, ni lo será."

"De lo único que soy esclavo es de mi ignorancia."

"Prefiero creerme libre que serlo."

"Para un humano, no pueden existir dos madres, dos padres o dos patrias".

"Solo en la poesía todo es posible".

"Puedo soltar el nudo de lo que me ata, aun que esté apretado, si lo intento con perseverancia".

"La libertad material nunca existirá, pero la libertad de conciencia vive".

"Una veleta nunca navegará libremente mientras existan la brisa, el mar y la tierra".

"Quien es un esclavo por miedo, nunca será libre"

"Aquel que valora más su vida que sentirse libre, es un cobarde".

"Es verdaderamente libre todo aquel que hace lo que decide hacer".

"Solo somos esclavos por la ignorancia y libres por el conocimiento".

"En la educación aprende más el que duda de todo, que el que lo acepta todo".

"Es mejor opinar sobre lo que creo que sé, que afirmar lo que sé".

"Aprender sin reflexionar, es como tomar un líquido desconocido".

"Cuando piensas en el pasado estas desperdiciando el presente".

"De mi pasado, guardo los recuerdos, los recuerdos son la interpretación de las situaciones. Por lo tanto, si cambio la interpretación que recuerdo de mis situaciones del pasado, cambio mi pasado".

"En la poesía existe y no existe la materia independientemente". "El claroscuro de tu dulce mirada aprisiona mi amor como la rosa a su aroma".

"Si quieres viajar lejos, corre, navega o vuela en la poesía".

"La educación, solo es la fruta en el árbol"

"La persona educada reflexiona para utilizar lo aprendido y la persona instruida utiliza la información aprendida".

"Ser una persona cortés perfuma el paso por la vida."

"Ama sin importar a quien. Al fin alguien te amará".

"El día que te canses de amar, será el día mas solitario de tu existencia. Ama y nunca estarás solo".

"¿Si por amar al prójimo condenaras tu alma, amarías?

"El amor y el dolor son hermanos inseparables, solo que el amor debe ser el hermano mayor".

"El sexo sin amor es como comer un hot dog de pie en la calle."

"Si quieres saber si una mujer te ama, pregúntale antes del orgasmo y no después."

"La sexualidad es divina, solo para los seres humanos."

"Si Dios creó el sexo, tenía que saber lo que era."

"Cuando niños, nos dicen que el sexo es malo, cuando adolescentes que es peligroso, cuando adultos que es una responsabilidad y cuando ancianos no nos dicen nada."

"¿Si no pruebo coco y piña, cómo puedo saber cuál me gusta más?"

"Todos nacemos locos, el mundo se encarga de complicarlo."

"Jugar al loco nos acerca a la cordura."

"La locura tiene su paraíso y su infierno o mejor dicho, su infierno y su paraíso."

"Existen tantos locos que fabrican guerras."

"Vivir sin un poco de locura te vuelve un loco."

"Pelear con la locura es como pelear con tu sombra."

"La locura es como el hambre, no puedo matarla, solo disminuirla."

"Si piensas fingir como loco, es mejor que te deje dinero."

"En una sociedad enferma, la locura ayuda a socializar."

"Cuando una sola persona tiene ideas religiosas obsesivas, tiene delirio religioso, pero cuando muchas personas tienen ideas religiosas obsesivas, forman una religión."

"Cuando quieres obligar a que una persona te ame, estás loco."

"Un músico maníaco, es un concertista."

"El resultado de la obsesión por una mujer (hombre) es casarte con ella (él)."

"Poco a poco me fui dando cuenta que nos convertimos en una sola carne. Que horror. Te amo".

"Los miedos solo existen en el que tiene mucha imaginación por lo malo."

"La depresión es como la neblina del mundo."

"La ansiedad es como un dedo en el ojo"

"Cuando el carajo deje de existir, no sé para donde me voy a ir cuando me sienta jodido."

"Dejé de tenerle miedo a las palabras y me encarcelaron."

"El mayor de todos los miedos es temerle al miedo."

"El miedo a ser un cobarde te convierte en valiente."

"Nunca busques la tristeza porque la vas a encontrar."

"Solo imagina que no estás deprimido, que estas alegre."

"La tristeza ha vivido conmigo siempre, pero yo no vivo en la tristeza."

"Nunca me ha gustado ver sangre ni lágrimas, pero son parte de mí."

"La tristeza inspira, pero la depresión apaga."

"La peor de todas las tristeza es no poder llorar."

"La depresión es fría fuente
 que apaga toda la vida.
La ansiedad es llama ardiente
que en el pecho está encendida."

"Escuché una tarde a los coquíes y a un ruiseñor cantando en un cementerio."

"Cuando encuentro la tristeza valoro más la alegría".

"Cuando te sientes triste por algo es por qué te importa".

"La indiferencia te aleja de la tristeza".

"Cuando estás encerrado en la depresión, solo tú tienes la llave para salir. No busques fuera de tu cárcel".

"La depresión es como encerrarte en un armario de una casa abandonada".

"Nadie tiene el poder de deprimirte si no se lo permites".

"Si construyes tu depresión piedra sobre piedra, también puedes destruirla".

"Si las personas supieran lo difícil que es formar una depresión no comenzarían".

"Todo lo que ocurre en nuestras vidas nos fortalece, aunque no entendamos como o porque".

¿Se puede morir de amor, o el que no ama ya está muerto?

___

"Eres feliz solo si te das cuenta de tu felicidad. Cuando me río acepto mi humanidad".

___

"Cuando me río de mi dolor, me duele menos".

___

Soy feliz a mi manera, porque no puedo ser feliz a la manera de otros.

___

"Es importante aprender a reírse de las estupideces de los demás, pero es más importante aprender a reírme de mis estupideces".

___

"Cuando aceptó mis errores, estupideces y fracasos como parte de mi humanidad, me encamino a la felicidad".

"No tengo espacio para la tristeza y la depresión, porque mi alegría me llena la vida".

"Es mejor arresmillarce que llorar".

"La risa no arruga tu cara si no que las evita".

"La puerta de mi felicidad solo abre hacia adentro".

"Puedes reírte cuando quieras, con o sin deseos, como una medicina para el espíritu".

"Solo cuando aprendemos a cambiar las ideas negativas por positivas obtenemos la felicidad".

"Cuando me río me siento bien y me gusta sentirme bien".

"La alegría a veces surge de lo irrazonable, lo ilógico y lo absurdo".

"Si no aprendes a sonreírte, nunca aprenderás a ser feliz".

"La risa se transmite por medio de las pendejadas".

"Si te ríes mucho con tu psicólogo o psiquiatra te da de alta del tratamiento".

"Reírnos de nuestros fracasos y errores es superarlos".

"No estoy seguro nunca, pero me río de la sabiduría".

"No se busca La Paz, se atesora".

"Si pudiera comprar paz, vendería todo lo que tengo para guardarla y cuando la quiera ir a buscarla".

"La palabra paz, suena a disparo. Yo la cambiaría por xas, que suena a brisa".

"No podemos ver el amanecer si no caminamos primero durante la noche"

"He aprendido de los sabios a escuchar y de los ignorantes a escuchar"

"Una hoja caída de un árbol le sigue perteneciendo, aunque una corriente la arrastre lejos".

"Si pretendes sacar al tirano de su trono, elimina el trono también"

"El dolor es la sombra del amor, siempre".

"No puedes sentirte mal, pensando de forma positiva".

"Si puedes crear pensamientos puedes cambiar el mundo".

"Los ojos del alma son los sentimientos y los de los sentimientos los pensamientos".

"Nunca digo que no sé, solo lo intento muchas veces".

"Un insulto duele por más tiempo que un golpe. El dolor pasa, pero el insulto se queda".

"Los coños y los carajos pican".

Conversando en psicoterapia.

Un enano que me persigue.

Paciente: Doctor, hay un enano que me persigue y me jode desde que nací.

Psicólogo: (Paciente me mira con los ojos desorbitados). ¿Desde cuándo te persigue?

Paciente: Siempre. Cuando me levanto, para ir a la escuela, cuando me voy a acostar. No me deja. Cuando se lo digo a mi madre, me pega y me dice que me calle.

Psicólogo: ¿No es que te lo imaginas?

Paciente: Dice que fue quien me dio la vida y que tengo que obedecerle. Es muy real y de carne y hueso. Yo tengo ya 16 años.

Psicólogo: ¿Dónde está ese enano que tú dices que te persigue siempre?

Paciente: Pues donde va a estar, esperándome.

Psicólogo: Puedes decirle que pase, si quieres.

Paciente: Claro.

Psicólogo: Se abre la puerta de mi oficina y entra con un señor como de 3 pies de estatura, calvo y con cara de coraje.

Paciente: Aquí está.

Psicólogo: El señor me dice: Este es mi hijo y es un irrespetuoso.

Reflexionemos:

A veces, los que nos imaginamos cosas somos nosotros, porque las vivencias de cada persona pueden ser tan imaginarias como reales. Era correcto que un enano lo sobreprotegía desde que nació y el joven se sentía acosado. Es su padre.

¿Y?

Psicólogo: Doctor, se han anunciado 15 tormentas en la temporada de huracanes, en Perú ocurrió un sismo de 7.5 grados, están cortándole las cabezas a los cristianos en el oriente, ocurrió un tsunami en Japón que mató a cientos de persona, dicen que el fin está cerca. Hay gente que piensa que estoy loco porque me preocupa todo eso y más.

Psicólogo: ¿Y?

Reflexionemos:

Existen cosas que no podemos controlar o cambiar. ¿Cuál es el propósito de preocuparnos, al grado de afectar nuestro estado emocional?

Extraterrestres.

Paciente: Doctor, mi familia dice que estoy loco, porque yo creo que soy distinto de todos ellos. Yo creo que mi madre no salió preñada de mi padre, sino de un ser extraterrestre y nací yo. ¿Usted cree que estoy loco?

Psicólogo: Una historia similar leí en la biblia cuando explica el nacimiento de Jesucristo. Explican que la Virgen María no quedó preñada de su marido José y si de Dios. Entonces nació Jesucristo hijo de un ser extraterrestre.

Paciente: ¿Y usted cree eso?

Psicólogo: Si. Es la base de la religión cristiana.

Paciente: Que yo crea eso no quiere decir que esté loco. Estarían locos los cristianos.

Psicólogo: Hay creencias fáciles de entender y aceptar, otras son más difíciles y complejas.

Uno decide en que creer. Si quiero puedo creer que soy hijo de Superman.

Paciente: (Se ríe). A veces uno cree y piensa disparates controversiales y las personas no comparten nuestras ideas.

Psicólogo: Correcto.

Reflexionemos.

El sentido de la vida.

Paciente: Doctor, mi vida no tiene sentido. Busco y busco en sentido de la mi vida y no lo encuentro. Me siento tan triste que no sé qué hacer. Estoy cansado de buscar.

Psicólogo: ¿Dónde está el sentido de la vida?

Paciente: No sé. Eso me agobia.

Psicólogo: A la vida uno le da sentido. El sentido de la vida no existe independientemente de lo que pienso.

Paciente: (Me mira en silencio...) ¿Qué busco entonces?

Psicólogo: Lo que no existe fuera de lo que piensas. La vida tiene el sentido que le das.

Paciente: Yo quiero que mi vida tenga un propósito y unas metas que le darán sentido a mi vida.

Psicólogo: Cada persona es única en el universo. El propósito de tu vida se lo otorgas tú.

Paciente: Eso es cierto y mis metas son mías y de nadie más.

Psicólogo: Eso creo. ¿Cuál es el propósito de tu vida y cuáles son tus metas?

Paciente: Quiero vivir para hacer el bien a los demás, ver crecer a mis hijos y a mis nietos. Claro y disfrutarme lo que pueda.

Psicólogo: ¿Eso no da sentido a tu vida?

Paciente: Eso da sentido a mi vida. Es lo que quiero y esa son mis principales metas.

Paciente: Encontraste el sentido que le diste a tu vida.

Paciente: Siempre lo he tenido, pero no me daba cuenta.

Yo soy el que le he dado sentido a mi vida.

Psicólogo: Correcto.

Reflexionemos.

Negativismo e infelicidad de Pipo.

Me levanto y si veo el azul del cielo me digo: "Uf…que calor va a hacer hoy, va a ser un día terrible.

Me levanto y si está nublado o llueve me digo:"Uf…que

fastidio… parece que va a llover, va a ser un día terrible.

Voy a desayunar y me digo: Si como huevos me sube el colesterol, si le hecho sal me sube la presión, si como pan las harinas refinadas con gluten me pueden dar cáncer o enfermedades. Si como bizcocho, el azúcar me puede ocasionar diabetes. Yo no soporto una dieta y los vegetales no me gustan de desayuno. La cafeína me pone nervioso y me da acidez y la leche de vaca me da gases. Me voy a tomar un jugo de naranja o de manzana sin azúcar y unas tostadas de pan sin gluten para irme a trabajar. "Es una mi…*@#+, pero es saludable. Espero que no encuentre mucho tráfico porque me desespera y llego estresado al trabajo. ¿Por qué Dios habrá hecho el trabajo? Tiene que ser como castigo por pecador. Me fastidio trabajando como un burro para pagar cuentas y mantener a mi familia. Total... son unos malagradecidos. Hoy entro a las 8:00 a.m. y salgo a las 5:00 p.m., para qué. Llegar a casa y encontrar la misma cantaleta, ver televisión y acostarme a dormir para mañana seguir trabajando. Este mundo es una m*+#%?@#. Soy un pobre infeliz. Señor Dios, mándame a buscar para terminar éste calvario.

Positivismo y felicidad de Pepo.

Me levanto y si veo el azul del cielo me digo: Que cielo hermoso el de Puerto Rico. Quisieran muchos países del mundo tener el cielo azul y el clima templado que tenemos. Prefiero nuestro calor caribeño a las nevadas de otros lugares. Hoy va a ser un día brillante y claro.

Me levanto y si está nublado o llueve me digo: Gracias Señor por la lluvia fuente de toda vida, que refresca y limpia todo. Hoy va a ser un día refrescante. Voy a desayunar y me digo: Me gustan los huevos fritos con adobo criollo, pan con mantequilla y café boricua 100%. Que delicia y que afortunado soy. Me cuido de las enfermedades por lo que no me alimento de forma compulsiva. Soy moderado en mi alimentación porque me quiero mucho y soy una persona inteligente. Yo no estoy a dieta y algunos vegetales y frutas las incluyo en mi desayuno. La cafeína me despierta y me da energía y la leche de vaca el consumo sin lactosa porque me da gases. Gracias Señor por Tu generosidad y porque tengo con que alimentarme para ir a trabajar. Salgo temprano de mi casa, por si hay mucho tráfico esperar tranquilo. ¿Gracias Dios porque tengo trabajo?

Trabajo mucho para ayudar a la familia que quiero y que tanto me quieren. Me esperan todos los días con amor. Mi familia es lo mejor que tengo. Hoy entro a las 8:00 a.m. y salgo a las 5:00 p.m., para qué. Llegar a casa y encontrar a mi esposa y a mis hijos, jugar con ellos y ayudar a mi esposa en los quehaceres para demostrarle que la quiero mucho y valoro su trabajo también. Hoy me acostaré temprano para mañana levantarme con energía y seguir con la maravillosa y generosa vida que Dios me ha regalado. Vivo en el mejor país del mundo y el mundo está repleto de bendiciones de las que quiero participar. Soy un hombre feliz. Señor Dios... cuando decidas que esté a Tu lado será mi mayor recompensa y disfrutaré de la prometida vida eterna. Que dichoso soy, en el precioso mundo que creaste.

Reflexionemos: ¿Piensas como Pipo o como Pepo?

El perdón.

Eclesiastés 7:9

No te des prisa en tu espíritu a sentirte ofendido, porque el ofenderse es lo que descansa en el seno de los estúpidos.

Entonces, para perdonar uno tiene que sentirse ofendido, agredido o afectado negativamente por otro.

Cuando esperamos demasiado de otro ser humano, nos afectamos emocionalmente.

La Biblia de las Américas: Así dice el SEÑOR: Maldito el hombre que en el hombre confía, y hace de la carne su fortaleza, y del SEÑOR se aparta su corazón.

Las ofensas o faltas nos afectan dependiendo de lo que pensamos de lo que ocurre y no de lo que ocurre. Por lo tanto; no tengo que perdonar a quien considero que no me ha hecho daño.

"De otro ser humano puedo esperar cualquier cosa."

¿Qué espero entonces de los demás para después perdonar si no estoy de acuerdo?

Están perdonados todos los seres humanos. Espero que me perdonen a mí, "porque soy un ser humano más."

Escuché a alguien decir: "¿Perdonar que has cometido un error? Dime un ser humano que no cometa errores."

Reflexionemos: Escuché a alguien decir: "No hay mayor castigo para tu enemigo, que se sienta perdonado por ti."

La brisa en tu cara.

Refrescante cuando hace calor, fría cuando hace frio y cuando no tenemos calor ni frio, la ignoramos. No nos importa de dónde viene, si se ha arrastrado por sitios nauseabundos, putrefactos, si ha visitado los lugares más pecaminosos del mundo, si ha participado de la casa del rico o del pobre. Solo sentimos su presencia apestosa o perfumada. ¿Qué hacer con la brisa que siento en mi cara? Solo sentirla. Llega y se va. ¿No es así la vida?

Reflexionemos:

Una vez, un hombre estuvo observando a una anciana que vendía sus flores en el mercado. Conocía su ruta al mercado y de regreso a su hogar. Sabía que vendía muchas de sus preciosas flores y por lo tanto, tenía su dinero producto de sus ventas diarias. Un día planificó robarla cuando la anciana regresara a su hogar. Planificó que luego de ponerse una máscara para que no lo reconociera, atravesar un pequeño lago en un bote que había coordinado, caminar por un difícil sendero en el bosque, cambiar su ropa, ocultar el dinero en un lugar que solo él sabía y regresar a su hogar para que nadie sospechara quien fue el que le robó a la anciana. Llevó a cabo su plan a la perfección.

¡Al llegar a su casa se encontró con su conciencia!

Reflexionemos:

La mujer isla.

Había una vez una mujer que se vestía de verde, con adornos de oro como el sol, pantallas de estrellas, cabello tan marrón como la tierra fértil, ojos negros como noche sin luna, labios de fresa silvestre, piel canela y una sonrisa que iluminaba al mundo.

Se reunieron unos políticos, unos sabios, poetas, religiosos y economistas para hacerla mejor. Los políticos diseñaron plataformas de gobierno, los sabios expusieron sus teorías sobre lo mejor para su vida y futuro, los poetas escribieron versos sobre sus encantos y predicciones, los religiosos propusieron sus dogmas como camino de la bella mujer y los economistas describieron desde cambios a sus vestiduras hasta la disposición de sus tesoros para que la mujer mejorara. Fueron muchas las reuniones y debates entre los deponentes.

Se olvidaron de una sola cosa.

La mujer se sentía feliz como era, ya que nunca necesitó de políticos, sabios, poetas, religiosos o economistas.

Se marcharon todos y la mujer permaneció tan bella y feliz como siempre eternamente.

Escuché a alguien decir: "Si quieres aportar a la felicidad del otro, pregúntale individualmente, ya que no hay una felicidad colectiva nunca".

Reflexionemos:

Los vicios humanos y José.

Señor, Creador del universo, quiero que me guíes para desprenderme de los vicios, las pasiones y el materialismo humano.

Le contestó el Señor: Como he hecho esa tarea por miles de años te voy a dejar con un asistente que te dirá que hacer detalladamente.

El asistente le dictó los siguientes pasos:

- ✓ Aléjate de las pasiones mundanas como el sexo por placer.

- ✓ No consumas drogas, tabaco ni alcohol.

- ✓ No desees la mujer, del prójimo.

- ✓ Despréndete de todo bien material, riquezas, prendas y alhajas.

- ✓ No te alimentes hasta llenarte. Evita la gula.

- ✓ No pienses o juzgues negativamente de otros.

- ✓ Perdona las ofensas por los demás, siempre.

En esos momentos, interrumpió José al asistente de Dios y le dijo: Acuérdate que ¡**soy un ser humano!** y es demasiado lo que me pides. Yo no puedo cumplir con lo que me dices. Tengo un cuerpo carnal, soy también animal, no soy perfecto.

En esos momentos se le acercó Dios a su asistente y le preguntó si había terminado su encomienda, pero el asistente le contestó que José no lo había dejado terminar con las condiciones para satisfacer su petición para desprenderse de los vicios, las pasiones y el materialismo humano.

Dios entonces le preguntó a José, el porqué lo había interrumpido y José le contestó: Señor, Tu sabes que soy un ser humano, lleno de virtudes y defectos. No me pidas que haga lo que me dice Tu encargado, es demasiado para mí.

Dame Tú esa gracia. Te lo pido con todo mi corazón.

El Señor entonces desprendió el cuerpo material de José de su cuerpo espiritual.

José, se sintió libre de los vicios, las pasiones y el materialismo humano. Solo, que se percató que había muerto a una vida terrenal. Entonces, le reclamó al Señor que le había privado de su vida y alejado de sus seres queridos, sus amigos y lo que disfrutaba. El Señor le contestó que lo había librado de todo lo que le pidió, menos de su vida, que proseguirá vivo, en una vida espiritual.

Desde el cielo, José pudo ver a su esposa con sus hijos y nietos entre risas y discusiones, sus amigos jugando dominó y bebiendo ron, su hermano enfermo pero descansando en una preciosa playa, su esposa haciendo un suculento salcocho con patita de cerdo y bolitas de plátano, una pelea de gallos en una gallera cercana a su casa, lo que era su pasión y una puesta de sol en su país tropical en el que vivía.

Le dijo entonces a Dios: Señor, yo no puedo entender Tu grandeza con mi limitado conocimiento como ser humano. Déjame vivir como humano, con mis defectos y virtudes, fortalece mi espíritu y ayúdame a mejorar, es todo lo que me atrevo a pedirte. ¡Quiero vivir!

¡¡Esta mañana... miré mi espejo y vi a José!!

Escuché a alguien decir:"Solo soy un ser humano".

Índice